Maurizio Di Meo

Un milione di Euro

Titolo: Un milione di euro

Autore: Maurizio Di Meo

Editore: Lulu.com

Copyright: © 2009 Standard Copyright License

Lingua: Italiano

Paese: Italia

Versione: Prima edizione

Isbn: 978-1-4452-4659-8

INTRODUZIONE

La rivista *Forbes* ha dichiarato che un individuo si definisce ricco, quando ha un reddito annuo di un milione di dollari e un patrimonio netto di dieci milioni di dollari. Bene, io ti insegnerò come guadagnare il tuo primo milione di EURO.

Viviamo in un'era in cui troppo poco tempo e troppe informazioni sono in competizione tra di loro. Se vogliamo realizzare i nostri obiettivi, ci occorrono nuove abilità per selezionare, elaborare e apprendere nuove informazioni.

Attraverso alcune storie di vita reale, quella del mio amico Flavio, oggi milionario. Tecniche, che aiuteranno a far emergere il milionario che è in te, e alcuni strumenti, faranno di te una persona veramente libera. Libera finanziariamente. E quando lo sarai, potrai dire addio al posto fisso. Attenzione, non voglio dire che sarà un percorso facile, però posso dirti che, con un pò di impegno, alla fine tutti possiamo essere milionari.

L' APPROCCIO

La prima cosa da fare è cambiare totalmente il tuo approccio verso le persone ricche. Fin da piccoli cresciamo con la convinzione che i ricchi siano persone avide, spregevoli, che pensano solo ad arricchirsi sempre di più. Sentiamo frasi del tipo: "Quel tizio si è arricchito truffando la povera gente" oppure: "Tutti i soldi che ha sono maledetti" e ancora: "Ha tanti di quei soldi da farmi venire il mal di stomaco", eccetera. Non è così. Le persone ricche si occupano molto di beneficenza e lo fanno in silenzio (la maggior parte di loro), non sulle prime pagine dei giornali.

Noi, figli di operai, di impiegati, nati poveri, siamo cresciuti con la convinzione che i soldi sono il male della società. Abbiamo sempre associato il denaro al male. E' vero, ci sono alcune persone che si sono arricchite illegalmente, ma sono una minoranza quasi invisibile. Un mio amico molto ricco, Flavio, (nome di fantasia) dice che se vuoi diventare veramente ricco, devi AMARE IL DENARO, devi amare le persone ricche e imparare da loro.

Dice anche che è talmente facile guadagnare denaro onestamente che non vale la pena di rischiare di andare in carcere.

L'ATTEGGIAMENTO

Cambiare il tuo stato mentale, il tuo atteggiamento nella vita di tutti i giorni, nel modo di affrontare le cose, gli affari, gli investimenti è il primo passo verso la ricchezza.

Sentendo queste parole, le prime frasi che ti vengono in mente sono: "Per me sarà impossibile, partendo da zero, guadagnare un milione di euro?" E ancora: "Se guadagno mille euro al mese, con tutte le spese che ho, sarà proprio impossibile guadagnare un milione di euro." Bene è proprio questo il tuo problema! Da oggi in poi prova a cambiare queste frasi con: "Come posso fare, partendo da zero, a guadagnare un milione di euro?" Oppure: "Oggi guadagno mille euro al mese, come posso cambiare questa situazione, considerando anche tutte le spese che ho?" Ecco, questo è un giusto atteggiamento verso la ricchezza.

Devi cancellare la parola impossibile dal tuo vocabolario. Qualsiasi cosa tu voglia fare o hai pensato di fare, inizia a cancellare la parola IMPOSSIBILE dal tuo vocabolario e sostituiscila con IO POSSO, oppure COME POSSO oggi, cambiare la mia situazione.

Quando abbiamo una nuova idea, pensiamo subito che è la volta buona, ne parliamo con parenti, colleghi, amici e presentiamo la nostra idea vincente a tutti loro. Dopo aver esposto con chiarezza la nostra idea, convinti che sia quella buona e ci farà arricchire, iniziano i "Sì… ma… Sì ma se non va come dici… Sì, ma se non succede questo… Sì ma con tutte le autorizzazioni che ci vogliono…" Ed è proprio a questo punto che iniziamo a scoraggiarci e vediamo affiorare molti dubbi nella nostra mente. Il nostro aspetto inizia a cambiare e la paura di fallire attraversa tutto il corpo. Alla fine della presentazione, l'unica cosa che dirai veramente convinto sarà: "Forse avete ragione, sarà un fallimento."

"I nostri dubbi sono traditori e ci fanno perdere il bene che potremmo ottenere perché abbiamo pau   ra di tentare."

(William Shakespeare)

L'AMICO FLAVIO

Il mio amico Flavio, nato da una famiglia povera. Il papà era un operaio edile, nato in un paese di provincia del sud, ha lasciato la scuola all'età di 16 anni ed è andato a lavorare con una cooperativa agricola, il suo compito era caricare i camion di casse di frutta. Dopo circa un anno cambia lavoro e fa lo stesso per i cinque anni a seguire. Aveva cambiato molti tipi di lavoro, tra uno e l'altro cominciava a capire che quello da dipendente non faceva per lui. A Flavio piaceva molto leggere. In questi cinque anni ha letto di tutto fino a quando sente parlare di PNL, *programmazione neuro linguistica,* fondata da Richard Bandler negli anni settanta.

(La PNL insegna a sviluppare abitudini di successo, amplificando i comportamenti facilitanti e diminuendo quelli indesiderati. Il cambiamento può avvenire riproducendo con attenzione i comportamenti e le credenze delle persone di successo. La PNL sostiene che le persone possiedono in sé tutte le risorse per avere successo.)

Da allora il suo atteggiamento verso la vita inizia a cambiare, è molto più ottimista, molto più sicuro di sé. Su un libro di economia lesse una cosa che lo colpì molto, la regola dell'80/20, inventata dall'economista italiano Vilfredo Pareto. In poche parole l'80% del nostro successo proviene dal 20% dei nostri sforzi. Invece per molte persone ancora oggi è il contrario, lo sforzo dell'80% produce loro un successo del 20%. Da questi piccoli input iniziava il cammino verso il cambiamento di Flavio. Si guardava indietro, pensava a tutti i sacrifici che aveva fatto suo padre nella vita, ai suoi sacrifici fino a quel momento, alle casse di frutta sui camion che sembravano non finire mai. E proprio in quel preciso istante Flavio disse: "La mia vita sarà di abbondanza per me, per la mia famiglia e per tutte le persone che potrò aiutare. Io raggiungerò la libertà finanziaria. Non dipenderò più dal lavoro per i soldi, ma saranno i soldi a lavorare per me."

Qui ci fu la vera svolta nella vita di Flavio.

Per te che stai leggendo questo libro, è arrivato il momento della tua svolta.

Riesci ad immaginare la tua vita nell'abbondanza? Nell'agiatezza? Una vita che va oltre il tuo stipendio?

Io penso proprio di sì, altrimenti non avresti comprato questo libro.

"Fai il primo passo con fede. Non occorre che tu veda tutta la scala, basta che cominci a salire sul primo gradino."

(Martin Luther King jr)

GLI OBIETTIVI

Fissati degli obiettivi e seguili con determinazione e costanza.

Inizia con dei piccoli obiettivi, annotali tutti, giorno per giorno. Così facendo li fisserai nella tua mente e un gradino alla volta arriverai in cima alla tua scala finanziaria. Non limitarti a leggerli ad alta voce, ma scrivili di nuovo, su un foglio. Questa è un'idea di Brian Tracy. Egli, ogni giorno, si concentra mentalmente su quello che vuole realizzare e lo annota. Quando stai scrivendo un obiettivo, pensa solo a quello che vuoi e mai a quello che non vuoi. Immagina quanto sarai felice vedere i tuoi obiettivi realizzarsi. Immagina i soldi che guadagnerai ad ogni obiettivo raggiunto.

Gli obiettivi non devono essere un tormento. Esempio: se devi fare una dieta drastica per dimagrire 15 chili, che cosa fai? Mangi frutta e verdura fino a che non raggiungi il tuo obiettivo? No, perché sarà un tormento. Per raggiungere il tuo peso forma, il tuo obiettivo, vai da un medico, il quale ti prescriverà una dieta equilibrata per il tuo organismo. Seguendo la dieta ogni giorno sarà per te un grande sacrificio, ma solo per i primi dieci o quindici giorni, fino a quando non ti sarai abituato, poi la dieta la seguirai in modo totalmente automatico. E la stessa cosa accade con i soldi, una volta che ti sei abituato ad averne, arriveranno automaticamente sempre di più. Guadagnare soldi è come andare in bicicletta. La prima volta si cade, poi si cade di nuovo, poi ci rialziamo e cadiamo nuovamente, fino a quando ci andiamo automaticamente senza neanche pensarci che stiamo su una bicicletta. Diventa un'abitudine. Ecco essere ricchi è un'abitudine.

Quindi adesso per quanto riguarda la tua situazione finanziaria, hai bisogno di un medico, un medico dei soldi, uno che ti insegni a risolvere i tuoi problemi finanziari e diventare milionario.

IL MEDICO DEI TUOI SOLDI

Per prima cosa hai bisogno di un medico dei soldi, praticamente un **mentore**, colui che è già oggi dove tu vorresti essere domani. Una persona dalla quale attingere una miriade di informazioni, esperto in investimenti, che è già milionario e quindi non potrà che consigliarti solo il meglio per farti raggiungere la tua libertà finanziaria. Attenzione a non confondere il mentore con un consulente finanziario o un banchiere: egli è una persona totalmente autonoma, un titolare di impresa, un investitore. Il consulente finanziario, il banchiere, pur essendo persone molto istruite sono e saranno sempre dei dipendenti, ti daranno sempre le stesse risposte: "Investi in un fondo comune per la vecchiaia", oppure: "Compra dei titoli di stato a lungo termine." Se continuerai ad ascoltare i loro consigli non farai altro che fare il loro gioco e continuare a essere povero. Il primo passo verso la ricchezza lo hai fatto acquistando questo libro. Quando sarai alla fine del libro, sarai anche alla fine del tunnel della povertà, alla fine del tunnel inizierai a vedere la luce, avrai qualche spiraglio di luce verso la tua libertà finanziaria. Se stai pensando di chiedere soldi in prestito ad un mentore, stai tranquillo che nessuno dei tuoi mentore ti presterà dei soldi, perché se lo farà, ti renderà solo più povero. Però, nel momento in cui sarai pronto ad investire e avrai un affare con un ritorno economico per almeno il 20%, in un tempo relativamente breve, il mentore non ti presterà i soldi per l'operazione, ma li investirà insieme a te. Il mio mentore è stato Flavio e, a sua volta, egli ha avuto un mentore.

In generale noi siamo sempre stati dell'idea che "Chi fa da sé fa per tre", ma fortunatamente non è così.

IL TEAM

Se vuoi diventare ricco veramente, hai bisogno di un **team**: (meglio se non parenti, così li puoi rimproverare nel momento in cui non fanno bene il loro lavoro)

un avvocato;

un commercialista;

un bancario;

giusto per iniziare, poi, secondo il lavoro che andrai a svolgere, assumerai dei professionisti del settore.

Per farti capire l'importanza di un team, ti racconto quello che successe ad Henry Ford all'epoca dell'era industriale. Egli è stato uno degli uomini d'affari più grandi del mondo, è divenuto ricco realizzando il motto della sua azienda, la Ford Motor Company. "Democratizza l'automobile" questo era il suo motto! Fu talmente rivoluzionario, perché agli inizi del 1900 l'automobile era solo alla portata dei ricchi. Bene, l'idea di Ford era fare in modo che tutti potessero permettersi una automobile. Dopo aver disegnato la sua prima auto, nel 1903 fonda la FORD MOTOR COMPANY. Partendo dal nulla iniziò a costruire la sua prima auto, con il suo team, la sua caparbietà e la sua voglia di raggiungere la libertà finanziaria, in poco tempo mise su un impero automobilistico. Non solo ha fatto si che l'auto fosse alla portata di tutti, ma pagava gli stipendi più alti del settore. In poche parole Henry Ford diventò ricco perché non si preoccupava solo dei clienti, ma anche degli operai. Era un uomo generoso! Egli non aveva un'istruzione scolastica e spesso veniva criticato dai cosidetti *intelligentoni* del mondo accademico. Un giorno gli proposero di fare un esame, per metterlo alla prova ed egli accettò. Nel giorno e all'ora stabilita si presentarono nel suo ufficio un gruppo di *intelligentoni* e cominciarono subito con la prima domanda: "Signor Ford ci può dire qual è la resistenza alla trazione dell'acciaio da lei usato?" Ford, che non conosceva la risposta, alzò il telefono e chiamò il vicepresidente (il TEAM). Dopo qualche minuto entra il vicepresidente, Ford gli fa la domanda ed egli risponde, dando la risposta che tutti volevano sentire. Poi fecero un'altra domanda a Ford ed egli prese di nuovo il telefono e chiamo un'altra persona (il TEAM) del suo staff che diede la risposta che tutti volevano. E così andarono avanti fino a quando uno di loro si alzò e disse: "Vede signor Ford, questo dimostra che lei è ignorante." Questa volta rispose lui: "Vede signor… non so le risposte perché non posso ingombrarmi la testa per dare le risposte a Voi. Assumo persone intelligenti che lo fanno al mio posto. Il mio lavoro è tenere la testa sgombra per poter pensare." E mentre invitava le persone ad uscire disse: "Pensare è il lavoro più duro che esista. Per questo così poche persone vi si dedicano."

E tu, quello che devi fare adesso è pensare al tuo *cashflow* (flusso di cassa). Secondo me, è veramente la prima cosa da fare.

CASHFLOW

Oggi il tuo *cashflow* è generato dal tuo lavoro o dai tuoi investimenti?

Per diventare ricco devi assumere il controllo del tuo *cashflow*.

Devi considerare le tue finanze e il tuo bilancio familiare come una grande azienda, con entrate, uscite, attivi e passivi. Per questo è fondamentale stilare un rendiconto finanziario personale. Compila il tuo rendiconto finanziario e potrai capire esattamente dove sei oggi. Se sei un dipendente, il tuo reddito lordo, oggi, è di 1700 euro al mese (stipendio medio di un impiegato statale italiano con moglie e due figli a carico). Quindi il tuo rendiconto finanziario potrebbe essere così :

Conto profitti e perdite

Reddito		Spese	
Stipendio	1700,00	Rata mutuo	400,00
	0	Rata auto	100,00
	0	Alimenti	400,00
	0	Scuola-figli	150,00
	0	Bollette	100,00
	0	Tasse	450,00
	0	Varie	100,00
Tot. Entrate 1700		Tot. Uscite 1700	

Stato patrimoniale

Attivi	Passivi	
0	Rata mutuo	400,00
0	Rata auto	100,00
0	0	
0	0	
0	0	

Il tuo *cashflow* è uguale a zero. E' proprio qui il tuo problema finanziario: il flusso di cassa.

Non è importante quanto reddito riesci a produrre, ma quanto riesci a trattenerne per creare ulteriori entrate e quindi ulteriore *cashflow*.

Molte persone, dipendenti statali, e non, si riflettono più o meno in questa situazione. La maggior parte delle persone non prepara il proprio rendiconto finanziario, al massimo cerca di far quadrare i conti ogni mese.

Avete compilato il vostro rendiconto finanziario?

Compilatelo!

Bene, siete già un passo avanti rispetto ai vostri colleghi.

All'inizio di questo capitolo vi ho detto di considerare la vostra vita come una grande azienda. In quanto amministratori della vostra azienda (vita) non dovete fare altro che controllare le entrate e le uscite, gli attivi e i passivi. Dovete sempre ricordare che ogni vostro passivo è un attivo per qualcun altro. In questo caso, gli interessi, della rata di mutuo di 400,00 € e della rata per l'auto di 100,00 € sono un attivo della vostra banca. State lavorando sodo per arricchire la vostra banca. Quello che dovete fare invece è arricchire voi stessi, prima di tutto. Ogni mese, con un piccolo sacrificio, iniziate a risparmiare il 10% delle vostre entrate, mettetele da parte, per il momento in un fondo non vincolato, iniziate ad accumulare, la scala si sale un gradino alla volta, ricordate? Dovete assolutamente uscire dalla ruota del criceto. Girate, girate e non andate da nessuna parte . E' il sistema che è sbagliato. Anche se il vostro stipendio fosse di 3.400 euro al mese, il *cashflow* sarebbe sempre uguale a zero. E' una questione di mentalità, di abitudine a gestire al meglio il denaro. Con un reddito più alto fareste solo arricchire di più gli altri. Acquistereste una casa più grande, un'auto più bella, un nuovo scooter, un piccolo appartamento al mare e così via, fino a rendere il vostro flusso di cassa uguale a zero. La colonna dei passivi sarebbe ancora più lunga, e non avrete fatto altro che incrementare gli attivi della vostra banca o finanziaria che sia. Adesso è arrivato il momento di dire: "Basta! Basta! Basta! Da oggi in poi stilerò il mio rendiconto finanziario tutti i mesi, accantonando sempre il 10% dei miei guadagni, controllerò tutti i miei debiti e uno alla volta li estinguerò. Non farò più debiti cattivi, ma solo debiti buoni."

DEBITI BUONI - DEBITI CATTIVI

I debiti buoni sono tutti quelli che generano un flusso di cassa positivo. Se contrai un mutuo per l'acquisto di un immobile da affittare, e questo genera un *cashflow* positivo, tra la differenza della rata di mutuo da pagare e l'affitto che ricevi, questo è un debito buono. Esempio: mutuo di 70.000, euro, rata di 400 euro, affitto di 500 euro. Bene questa operazione ha un *cashflow* positivo di 100 euro mensili. Invece, tornando all'esempio precedente, alla tabella del tuo rendiconto finanziario, la rata di mutuo di 400 euro è un debito cattivo. Ti spiego perché. In Italia la maggior parte di noi cresce con la convinzione che la prima cosa da fare, quando si ha un lavoro decente, "il posto fisso", è acquistare la casa per la propria famiglia, e proprio qui sta l'errore. Acquistare la casa dove abiti non è un investimento: è una cosa sbagliata dal punto di vista finanziario. Se usi la tua possibilità di indebitamento con una banca per acquistare la casa dove abiti, invece di acquistare una casa da rivendere o mettere in affitto, non fai rendere i tuoi soldi. Quell'investimento non genera *cashflow*, non genera flusso di denaro nelle tue tasche e quindi non è un investimento, ma un costo! Un costo che paghi per 15, 20, 30 anni... per quanto tempo dura il tuo mutuo! Se invece usi la tua capacità di indebitamento per acquistare una casa che dai in affitto, i soldi arrivano nelle tue tasche come reddito. Questo è un investimento immobiliare corretto. E non ha importanza che così non paghi l'affitto: se investi in immobili è corretto pagare l'affitto per la casa dove abiti. La maggior parte degli investitori in immobili fa così, io faccio così. Conservo la mia capacità di indebitamento per farla lavorare, non per pagarmi un tetto sulla testa.

Oggi devi investire in immobili per fare soldi veri: quando ne avrai a sufficienza potrai comprarti la casa che desideri, magari in contanti.

Ricordate: "L'indipendenza economica si raggiunge affinando le proprie capacità, guadagnando bene e infine non sprecando il denaro."

Uno dei metodi per arricchirti velocemente è la compravendita di immobili.

INVESTIRE IN IMMOBILI

Il mio amico Flavio, ha iniziato ad investire in immobili all'età di 21 anni. Trovò un appartamento da ristrutturare vicino alla sede universitaria. Era in vendita a 100 milioni di lire (all'epoca in Italia era in vigore la lira, oggi un euro vale 1936,27 lire), praticamente 52.000 euro circa di oggi. Flavio fece una proposta di 35.000 euro e venne rifiutata. Alla fine si raggiunse un accordo per 40.000 euro: 35.000 euro di mutuo e 5.000 euro con un pagherò ad un anno. Non aveva soldi, non aveva garanzie da dare alla banca. Quindi propose l'affare ad alcuni amici, con buste paga, e si presentarono in banca per il mutuo. Entrati in possesso dell'appartamento Flavio e company si mettono subito al lavoro per ristrutturarlo. Finiti i lavori, Flavio affitta le quattro camere agli studenti creando un *cashflow* positivo di 250 euro. Ma l'obiettivo di Flavio era di rivendere l'appartamento che, grazie ai lavori di ristrutturazione e alla rendita degli studenti, aveva raggiunto un valore di 95.000 euro. Venduto l'appartamento, Flavio e i suoi due amici, pagate le spese, intascano la cifra di 10.000 euro a testa.

Non male, considerando che all'epoca per guadagnare 10.000 euro (20 milioni di lire circa) ci voleva più di un anno di duro lavoro. Bene, Flavio si è arricchito così. Uno degli ultimi investimenti di Flavio è stato quello di acquistare un immobile di 4.000 metri quadrati, su quattro piani, per un totale di 2.400.000 euro. Ristrutturato e diviso, in 60 unità da 60 metri quadrati l'una più spazi comuni, con una spesa di 1.600.000 euro. Ha rivenduto ogni appartamento 2.000 euro per metro quadrato, 120.000 euro ognuno con un ricavo lordo 7.200.000 euro. Lascio a te fare il calcolo del guadagno netto di Flavio in questa operazione.

Ovviamente non è che puoi partire investendo milioni di euro, però puoi iniziare acquistando un monolocale, poi un appartamentino, una villetta e chissà un domani anche tu un immobile di 4.000 metri quadrati.

Non dico che è semplice, all'inizio potresti esaminare anche 300 proprietà prima di trovarne 30 che ti possano sembrare un affare. Di queste forse la metà meritano un sopralluogo. Infine su 15 proprietà, solo su tre o quattro varrà veramente la pena fare un'offerta. L'offerta dovrà sempre essere inferiore del 30% .

Comprare con lo sconto si può. Ci sono le aste giudiziarie, quelle fallimentari, ci sono tutte quelle persone che devono per svariati motivi liberarsi al più presto di un immobile (trasferimenti, lavoro, eredità da spartire, ecc.). In questo caso possiamo far leva sulla componente tempo in modo da ridurre marginalmente ancora di più il prezzo a nostro vantaggio.

Non ti demoralizzare, pensa il guadagno che puoi ottenere alla fine dell'operazione. Sei sulla strada della libertà finanziaria.

Un articolo pubblicato da *Il sole 24 ore*, lo scorso aprile diceva: "L'influsso della crisi estiva dei mutui americani, il caro-mutui degli ultimi mesi e i prezzi delle case sempre alle stelle stanno mettendo alla prova il mercato immobiliare, anche italiano. Lontano dalla pesante crisi immobiliare statunitense, per le compravendite del comparto residenziale nel nostro Paese non si può parlare ancora di crollo. Ma certo di deciso ridimensionamento". Cosa state pensando, che questo non è il momento di investire in immobili? Vi sbagliate. Non c'è mai stato periodo più favorevole di questo per investire in immobili.

Creati delle entrate automatiche, in modo che ti possano generare *cashflow* senza la tua presenza materiale. Reinvesti i tuoi guadagni in immobili da poter dare in affitto e generare ulteriore *cashflow*. Così si diventa ricchi.

Una villa come questa un domani potrebbe essere tua. La potrai ottenere solo facendo lavorare i soldi per te e non te per i soldi.

IL SISTEMA

Oggi siamo passati dall'era industriale di Henry Ford, all'era dell'informazione di Bill Gates. Quello che conta veramente oggi è avere un sistema.

A cavallo tra il 1800 e il 1900, poco più di cento anni fa, la maggior parte della popolazione era costituita da agricoltori indipendenti o da piccoli negozianti. Solo una piccolissima percentuale della popolazione era formata da dipendenti. Poi con l'avvento dell'era industriale - la promessa di un posto di lavoro sicuro e ben retribuito e la sicurezza di avere una buona pensione per la vecchiaia – la maggioranza dei contadini e dei piccoli commercianti rinunciarono all'indipendenza e andarono a fare i dipendenti. E da allora, dall'epoca dell'era industriale che tramandiamo da padre in figlio l'idea del posto fisso. In tutto questo è stato complice anche il nostro sistema scolastico, ideato per creare dipendenti e professionisti, non imprenditori o investitori.

Scommetto che tu sappia fare un hamburger migliore di Mc Donald's, vero?

Allora, come mai Mc Donald's vende milioni di hamburger e patatine fritte, ogni giorno, in ogni angolo della terra?

Non è solo la qualità del prodotto a farti vendere, ma è il sistema. E' il sistema che ti fa diventare ricco. Quando hai un sistema risparmi tempo, energia e denaro.

Ray Kroc, il fondatore della Mc Donald's, ha detto una volta a degli studenti di un master in gestione aziendale, che la sua società non era nel settore degli hamburger, bensì in quello immobiliare. Infatti la Mc Donald's è proprietaria degli immobili più costosi al mondo. Con il sistema che egli aveva creato gli aveva permesso di creare degli attivi che a loro volta generavano altri attivi.

Disse Warren Buffett, uno dei più grandi investitori al mondo: "Esistono solo due modi per generare benessere: trovare valore, oppure crearlo."

Bene, trova quello che la gente vuole e fai in modo di farglielo avere.

Oggi nell'era dell'informazione, di internet, del *network marketing*, tutti, dico veramente tutti, possono diventare milionari.

Se la tua idea è vendere un prodotto, on line, con internet, è la cosa che oggi fanno milioni di persone. Però solo in pochi diventano milionari. Perché?

Perché se vuoi avere successo in qualsiasi settore devi avere prima un piano, stabilire quali sono i tuoi obiettivi, a chi ti rivolgi e con quale sistema vuoi intraprendere l'attività.

L'AZIONE

Vi voglio raccontare una storia, una di quelle raccontate dal mio amico Flavio che mi ha colpito di più. Nel 1980, in Irpinia ci fu un terremoto devastante, persero la vita molte persone e molte case vennero distrutte. Tra queste anche la casa di una famiglia fino a quel momento felice, povera, ma felice. Il papà Vincenzo faceva l'operaio, la mamma Alina la casalinga e avevano cinque figli, due alle scuole medie e tre in età prescolare. Il papà Vincenzo perse la vita sotto le macerie. Alina era sempre stata una donna ottimista, piena di vita e di gioia di vivere, ma in quel momento, con la perdita del marito, si sentì persa, vide il mondo caderle addosso, si sentiva schiacciare da questo grosso macigno, che era la vita senza il marito, da sola con cinque figli. Non aveva parenti, amici, era una donna dell'est che si era trasferita in Italia per sposare Vincenzo. Dopo la tragedia andò a vivere con i cinque figli in uno di quei container dati dal comune ai senzatetto. Per dar da mangiare ai figli, Alina iniziò a lavorare. Fece la cameriera per un po' di tempo. Però aveva il problema dei figli piccoli che non poteva lasciare a nessuno, così iniziò a fare dei lavori in casa. Assemblava dei giocattoli per una ditta del nord e riceveva un tot a pezzo. Alina dopo poco tempo iniziò a fare dei conti, e vedeva che più lavorava e più guadagnava. I due figli maggiori le davano una mano ad assemblare i giocattoli e più ne facevano più guadagnavano. Però ad un certo punto scoccò come una scintilla nella testa di Alina e disse: "Se lo fanno gli altri perché non posso farlo anch'io?"

Ecco l'ottimismo di Alina che usciva allo scoperto. Quello che aveva fatto lei con i giocattoli fino a quel momento, pensava di farlo fare ad altri, ma con una collana di bigiotteria. Iniziò a mandare centinaia di lettere ad altrettante famiglie, spiegando qual'era il lavoro da svolgere e quanti soldi avessero guadagnato per ogni pezzo assemblato. In più ad ogni persona che avesse trovato altre persone per fare assemblare la collana prometteva un ulteriore guadagno sul lavoro di queste ultime. Per lei lasciava solo poche lire di guadagno, ma riuscite ad immaginare su che quantità di pezzi? Il marketing. Alina non stava facendo altro che marketing. Bene, Alina con questo sistema ha venduto milioni di pezzi, con una semplice idea ha raggiunto la libertà finanziaria.

Oggi Alina vive nel suo paese di origine con i suoi figli e i suoi nipoti, ha venduto l'attività già parecchi anni fa e vive di rendita con gli introiti degli immobili di sua proprietà.

Vi ho raccontato questa storia per farvi rendere conto che per arricchirsi a volte basta una semplice idea.

Non c'è bisogno di soldi per fare soldi.

Non è vero nemmeno che per fare soldi dobbiamo lavorare di più, ricordate la regola dell'80/20? Bene se volete fare soldi dovete rientrare in quel 20%.

E' arrivato il momento di agire, qualsiasi idea abbiate, in qualunque settore, eliminate le preoccupazioni. Le preoccupazioni sono il nemico numero uno di salute, felicità, successo e denaro, e cercate di metterla in pratica. Dovete mettere da parte anche la paura di fallire. Gli uomini più ricchi del mondo hanno fallito almeno una volta nella vita. Donald Trump è fallito una volta. Ricordate l'esempio della bicicletta, dopo vari tentativi, e dopo alcune cadute, pedalate automaticamente. Lo stesso è nella vita di tutti i giorni, negli affari, nel denaro.

Bisogna agire, nel momento in cui ti viene un'idea e ti sembra quella buona, prova a parlarne con altre persone, non con i tuoi parenti o amici che sono persone programmate a fare i dipendenti, prova a parlarne con i tuoi legami "deboli".

I legami forti sono i tuoi parenti,i tuoi amici, persone con le quali hai sempre condiviso tutto, sono tutte quelle persone con le quali fino ad oggi ti sei trovato in sintonia, hai potuto parlare di calcio, di lavoro "dipendente", di cene, di vacanze, ma con le quali mai hai potuto parlare di impresa, immobili, tassi di interesse, azioni e così via. Bene, questi sono i tuoi legami deboli e, se vorrai diventare veramente ricco, dovrai coltivare i tuoi legami deboli.

LA DECIMA

Le persone più ricche del mondo fanno beneficenza. Donano sempre il 10% dei loro guadagni ad enti benefici.

Questa è la decima.

Se chiedi ad una di queste persone il perché pagare la decima, ti risponderà che pagare la decima dà sempre un grande ritorno in termini economici sui propri investimenti.

Donare significa letteralmente ingrandire e moltiplicare il denaro.

Molte persone hanno una consapevolezza segnata dalla povertà e pensano che donare soldi significhi ridurre la quantità a loro disposizione. Per i milionari non è così. Per loro distribuire denaro in beneficenza in realtà significa ampliare la dimensione spirituale, ma significa anche moltiplicare in modo esponenziale i loro introiti.

Quando prendiamo un frutto da un albero, la natura, l'anno successivo, provvederà a farci trovare due frutti in quel medesimo punto.

Così funziona la decima.

Hai mai sentito parlare del detto: "Più dai e più ricevi".

La globalizzazione fa crescere le diseguaglianze sociali, ma crea anche migliaia di nuovi milionari, disposti a impegnarsi nella beneficenza. Oggi ci sono circa 9,5 milioni di milionari nel mondo. L'undici per cento di questi super ricchi nel 2006 hanno donato oltre 285 miliardi di dollari, ovvero circa il dieci per cento delle loro fortune.

Quindi inizia anche tu a donare una parte dei tuoi guadagni, e un giorno ci sarai anche tu in quelle statistiche.

CONCLUSIONI

Ricorda devi avere un mentore, un team, e la cosa più importante, secondo me, se sei stufo di fare il dipendente, devi assolutamente cambiare il tuo atteggiamento verso i soldi,la ricchezza, la gente, la vita.

Io ho seguito i consigli di Flavio. E tu?

Quando hai del tempo libero, non sprecarlo. Leggi libri di PNL, autobiografie di persone di successo, cerca gente nuova, persone che ti possano consigliare e non demoralizzare.

Con questi piccoli consigli spero di esserti stato d'aiuto ad intraprendere il tuo percorso verso la libertà finanziaria.

BUONA FORTUNA !!!

INDICE

www.ingramcontent.com/pod-product-compliance
Lightning Source LLC
Chambersburg PA
CBHW021851170526
45157CB00006B/2390